W0405081

JEDER TAG EIN FEST

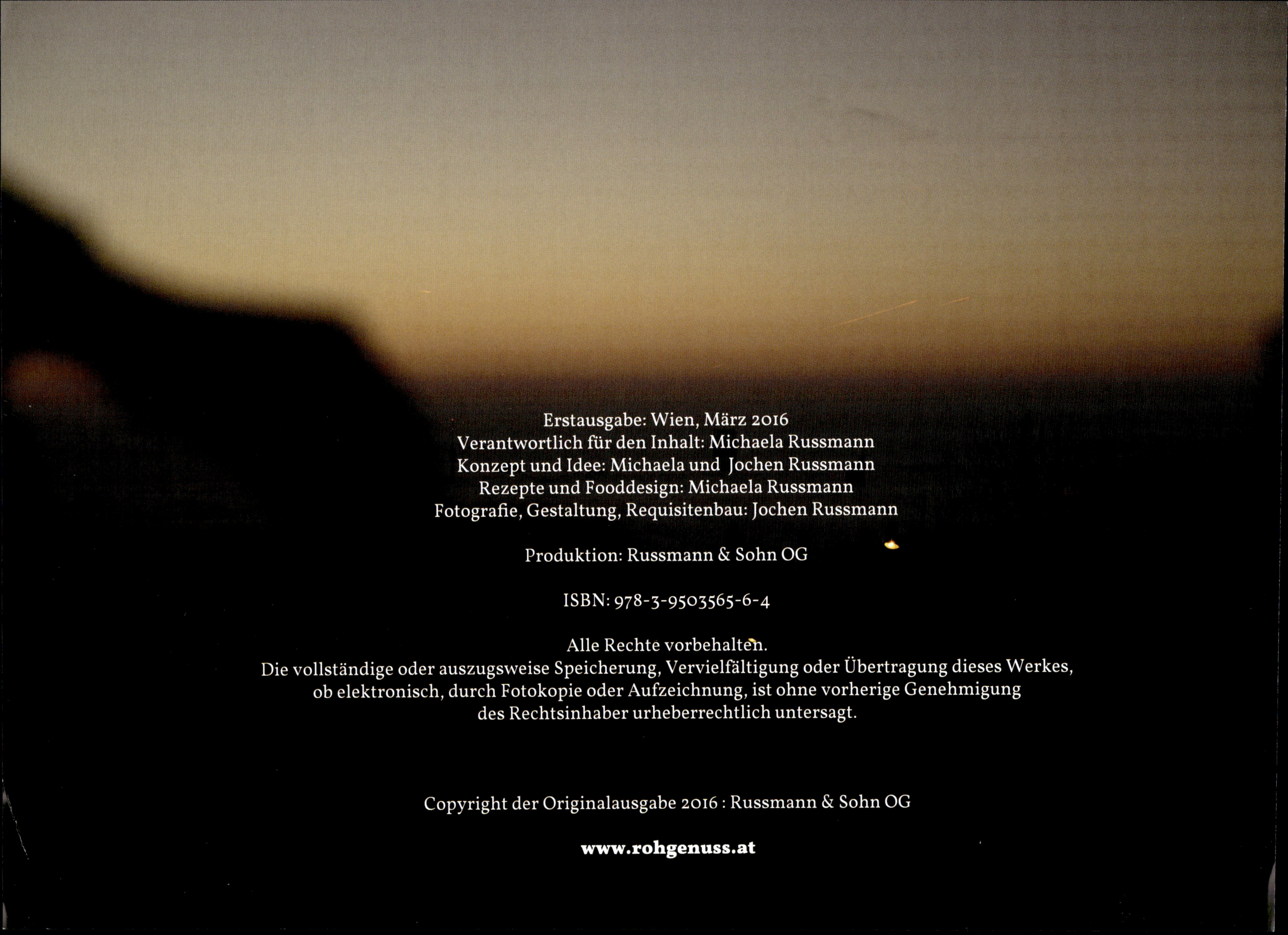

Erstausgabe: Wien, März 2016
Verantwortlich für den Inhalt: Michaela Russmann
Konzept und Idee: Michaela und Jochen Russmann
Rezepte und Fooddesign: Michaela Russmann
Fotografie, Gestaltung, Requisitenbau: Jochen Russmann

Produktion: Russmann & Sohn OG

ISBN: 978-3-9503565-6-4

Alle Rechte vorbehalten.
Die vollständige oder auszugsweise Speicherung, Vervielfältigung oder Übertragung dieses Werkes, ob elektronisch, durch Fotokopie oder Aufzeichnung, ist ohne vorherige Genehmigung des Rechtsinhaber urheberrechtlich untersagt.

Copyright der Originalausgabe 2016 : Russmann & Sohn OG

www.rohgenuss.at

Inhaltsverzeichnis

PICKNICK und DRAUSSEN

BUNT GEMISCHT und ALLERLEI

HOCHZEIT und ROMANTIK

KINDER und PARTY

ADVENT und WINTER

ARBEIT und UNTERWEGS

Zum Kochbuch „Jeder Tag ein Fest“

Viele Anlässe, 8 große Kapitel, von Frühstück & Brunch, Hochzeit, Kindergeburtstag, Mädelsabend, Büro & Unterwegs, über Picknick bis hin zur günstigen Studentenküche und Advent. In diesem Kochbuch stellt Michaela Russmann ihre Lieblingsgerichte für jede Gelegenheit vor. Liebevoll gestaltete Gerichte machen jeden Tag zum Fest. Über 100 einfache Rohkostgerichte für jede Gelegenheit schmücken das Buch. Ergänzt werden die Rezepte mit Küchentricks und Tipps rund um die rohe Küche. Verwöhne Dich und Deine Familie mit farbenfrohen und fröhlichen Gerichten von Kokos-Panna Cotta, Apfelcrumble, Radieschen-Tzatziki über cremige Suppenvariationen bis hin zu Gurkenröllchen oder rohen, erfrischenden Eiskreationen. Alles ist leicht nachzu"kochen", sodass auch der Gastgeber entspannt mitfeiern und genießen kann. Ob süß, herzhaft, würzig, orientalisch, traditionell, aussergewöhnlich oder herzhaft - hier findet jeder Inspiration für jeden Tag und für jeden Geschmack ...eben - jeder Tag ein Fest!

Zur Handhabung

Dieses Kochbuch ist zu handhaben wie jedes andere auch. Es gibt feine Vorspeisen, opulente Hauptgänge und verführerische Desserts. Die Anlässe bzw. Kapitelzuteilungen sind reine Vorschläge. Warum nicht an einem regnerischen Sonntag eine Hochzeitstorte essen oder an einem heißen Sommertag eine wärmende Thai-Karottensuppe genießen. Auch den lieben Kinderlein werden Gerichte ausserhalb des Kinderkapitels schmecken und Kekse können auch im Mai ge“backen“ werden.
Neu in diesem ROHGENUSS-Kochbuch ist der „NUSSFREI“-Siegel. Oftmals ist man bei diversen Rezepten mit einem Übermaß an Nüssen konfrontiert, die man vielleicht nicht verträgt oder die man auch einfach der Schwere wegen nicht essen möchte. Der „NUSSFREI“-Siegel markiert alle Rezepte innerhalb des Buches, welche ganz ohne Nüsse auskommen.
Echte Nüsse gibt es ganz wenige, deshalb war die Entscheidung relativ schwierig, welche Nüsse nun als Nüsse bezeichnet werden und welche eben nicht. Letztendlich haben wir uns dazu entschlossen, nur die Pflanzensamen und die Kokosnuss als „Nicht-Nuss“ zu markieren. Sonnenblumenkerne, Pinienkerne, Sesam, Leinsamen und Kürbiskerne sind Pflanzensamen, die jedoch nicht zu den Nüssen gehören. Die Kokosnuss ist z.B. eine Steinfrucht und zählt ebenso nicht zu den echten Nüssen. Cashewkerne - ebenso eine Steinfrucht - war uns persönlich dann doch zu nussig und bekommt somit keinen „NUSSFREI“Siegel.

Die fabelhafte Welt der rohen Küche

Im deutschsprachigen Raum ist die vegane Ernährung als Thema bereits in der Mainstream - Berichterstattung angekommen. Nun zeichnet sich ein weiterer Trend ab: „vegan raw food“ ist ein Megahype, der in den USA schon lange, und insbesondere im Ästhetik betonten Kalifornien, Fuß gefasst hat. Allein in Los Angeles gibt es etliche Raw Food-Restaurants. Viele Hollywoodstars und auch europäische Prominenz ernähren sich roh. Neue Restaurants werden laufend eröffnet, und es gibt eigene Rohkostmessen. Ein Szenetrend auf dem Weg zur Massentauglichkeit. Die Menschen möchten schön, jung, sexy und vor allem gesund sein und bleiben - Eigenschaften, die mit Rohkosternährung einfach umzusetzen sind.

Die Temperaturgrenze bei der Verarbeitung liegt bei unter 42 Grad Celsius. Ab dieser Temperatur setzen in Lebensmitteln Vorgänge ein, die das Produkt verändern und somit wesentliche Inhaltsstoffe verloren gehen. Die natürlichen Bestandteile bleiben somit erhalten, besonders Vitamine und Enzyme. Der Organismus wird weniger belastet, ein Völlegefühl oder gar Müdigkeit nach dem Essen bleibt aus. Rohkost ist zudem reich an Ballaststoffen und positiv für die Verdauung. Der größte Pluspunkt ist vermutlich die Vorbeugung gegen die klassischen Zivilisationskrankheiten. Kein Übergewicht, niedriges Risiko für Herz-Kreislauf-Erkrankungen, kein Diabetes und auch Prävention gegen einige Krebsarten sind die gesundheitlichen Vorteile einer roh belassenen Ernährung.

Das industrielle Kochen von Nahrung hat eine bedeutende ökologische Auswirkung. Große Mengen an Ressourcen werden benötigt, um die erforderliche Energie zu produzieren, die für die Industrie zur Herstellung der Nahrungsmittel gebraucht wird. Im Vergleich zu einer westlichen Durchschnittsernährung benötigt eine roh-vegane Ernährungsweise einen kleinen Bruchteil von Energie und produziert kaum Abfall. Außerdem fördert eine Rohkosternährung eine lokale und biologische Landwirtschaft und reduziert somit die Nutzung von Pestiziden, Herbiziden und chemischen Düngemitteln, welche die Umwelt belasten. Roh rockt eben!

FRÜHSTÜCK UND BRUNCH

Mit einem guten Frühstück lässt es sich viel leichter in den Tag starten. Und wenn das Frühstück oder der Brunch dann noch voller Vitamine und Power ist, kann eigentlich nichts mehr schief gehen. Ob Frühstück im Bett, Brunch mit vielen Gästen, stehend an der Küchenbar oder schläfrig im Zug auf dem Weg in die Arbeit – hier ist für jeden das passende dabei. Die Gerichte schmecken auch am Nachmittag ganz toll ... aber psst – nicht weitersagen!

13599

Black and White Müsli mit Granatapfel

Gut für den Vorrat
Für 2, die gerne knabbern

100 g Cashewkerne
1/2 TL Vanillepulver
35 g Haferflocken (frisch gequetscht oder gekauft)
1 EL Chiasamen
1 EL Kakaonibs
400 ml Mandelmilch
1 Granatapfel

Cashewkerne grob hacken und mit Vanillepulver, Haferflocken, Chiasamen und Kakaonibs zu einer Müslimischung mischen (trocken im Glas bei mehrfacher Menge aufbewahren, kann man täglich darauf zurückgreifen). Granatapfel entkernen. Müsli mit Mandelmilch anrichten und mit Granatapfelkernen toppen.

Beeren-Nuss-Porridge mit Banane und Sesam

Sattmacherfrühstück
Für 2 Portionen

2 Stk. Bananen
50 g Nüsse, gemahlen
15 g Sesam
200 g Birne
1 Stk. Mandarine oder kleine Orange
1 Prise Zimt
1 EL Leinsamen (optional)

Die geschälte Mandarine mit Birnenstücken, Nüssen und Zimt pürieren. Bananen in Scheiben schneiden und dazumischen. Sesam unterrühren und servieren.

Tipp: Ohne die Bananenstücke lässt sich das Porridge prima am Vorabend zubereiten - morgens nur noch mit der Banane ergänzen.

NUSSFREI

Kräutereistee

Erfrischender Drink
Für eine Karaffe

6-8 Stk. verschiedene Kräuterzweige
(z.B. Thymian, Oregano, Salbei, Minze ...)
1 Stk. Orange
2 EL Agavendicksaft
optional Eiswürfel
Wasser

Eine Karaffe mit Kräuterzweigen füllen. Orange in geviertelte Scheiben verarbeiten und zu den Kräutern geben. Die Karaffe mit Agavendicksaft und Wasser aufgießen und gut 3 Stunden ziehen lassen. Optional können vor dem Servieren Eiswürfel hinzugegeben werden.

NUSSFREI

Süß-Saure Karottenrohkost

Ideal zum Mitnehmen
Für 2 Türmchen

5 Stk. Karotten
1 Stk. Birne
10 cm Porree
1 TL schwarzer Kümmel
3 EL Zitronensaft
2 EL Agavendicksaft
1 Stk. Knoblauchzehe, gepresst
4 EL Olivenöl
Salz

Die Karotten grob reiben. Die Birne vierteln, entkernen und ebenso grob reiben. Porree in dünne Scheiben schneiden oder auch reiben. Mit den restlichen Zutaten mischen und abschmecken. Mit etwas schwarzem Kümmel bestreut servieren.

KRÄUTER-
EISTEE

NUSSFREI

Apfel-Mangomus mit Vanille

Fruchtgenuss zum Löffeln
Für 1 großes Marmeladeglas

4 Stk. Äpfel
1 Stk. Mango
Saft einer halben Zitrone
1/2 TL Vanillepulver

Mango schälen und um den Kern das Fruchtfleisch runterschneiden. Die Äpfel vierteln und entkernen. Mango, Äpfel, Zitronensaft und Vanillepulver zu einem Mus mixen und in das Glas abfüllen.

Steirischer Apfelcrumble

Fruchtiger Kuchengenuss
Für eine kleine Auflaufform

70 g Mandeln, gemahlen
90 g Datteln
1 Stk. Orange
Zimt und Vanille
1 EL Zitronensaft
2 EL Kürbiskerne
50 g Kokosflocken
3 Stk. Äpfel

Für den Crumbleteig die geschälte Orange mit den Datteln pürieren und im Anschluss Mandeln, Zimt, Vanille, Kokosflocken und Kürbiskerne zufügen. Den Teig nicht zu fest verkneten, da er krümelig bleiben soll. Die Äpfel rund um das Kerngehäuse an einer groben Gemüsereibe reiben und mit Zitronensaft vermischen. Die Auflaufform erst mit der Apfelmasse füllen und dann den krümeligen Crumble darüber geben. Über Nacht durchgezogen schmeckt es gleich nochmal so gut.

NUSSFREI

Zitrussalat

Saurer Salatgenuss
Für Zwei, die es sauer lieben

1 Stk. Grapefruit
1 Stk. Orange
1 Stk. Blutorange
1 Stk. Mandarine
1 Stk. kleine Zitrone
1 Stk. Kumquat
5 cm Porree
2 EL Zedernüsse oder Pinienkerne
3 EL Olivenöl
etwas geriebene Zitronenschale
1 Tasse Kresse
1 kleiner Teelöffel Zitronensaft
1 EL Agavendicksaft oder 2 große Datteln mit weniger Wasser gemixt Salz und etwas weißer Pfeffer
bisschen Grün zum Dekorieren (z.B. Fenchelgrün etc.)

Die Zitrusfrüchte schälen und in dünne Scheiben schneiden. Die Früchte hübsch auf einem Teller drapieren. Porree sehr fein schneiden und über die Zitrusfrüchte verteilen. Mit Zedernüssen verzieren und mit der Kresse dekorieren. Aus Öl, Zitronensaft, Agavendicksaft, Salz, Pfeffer und geriebener Zitronenschale ein Dressing mixen und über die Früchte gießen.

NUSSFREI

Grüner Morgensaft

Voller Energie in den Tag
Für 2 Gläser

1 Gurke
eine Handvoll Weintrauben
1 Apfel
eine Handvoll frischer Spinat

Gurke, Apfel und Weintrauben mit der Saftpresse entsaften. Den Saft im Anschluss mit dem frischen Spinat pürieren und sofort servieren.

Rote Rüben Tarte mit Koriander

Pikanter Frühstückskuchen
Für 4 Minitarteformen

Für den Teig
150 g Mandeln, gemahlen
1 EL Kürbiskerne, gehackt
20 g gehackte Petersilie
20g Sonnenblumenkerne
20 g Sesam
2 Stk. Knoblauchzehen, gepresst
1 EL Kokosöl
1 EL Leinsamen
60 g getrocknete Tomaten
2 EL Zitronensaft
1 großzügiger Schuss Wasser
Salz und Pfeffer

400 g rote Rübe
400 g Avocado
70 g Kokosöl
4 Knoblauchzehen
1 TL Currypulver
1/2 TL gemahlener Kreuzkümmel
Salz
etwas frischer Koriander

Für den Teig die getrockneten Tomaten fein hacken und die Sonnenblumenkerne etwas zerkleinern. Tomaten und gehackte Sonnenblumenkerne mit den restlichen Teigzutaten vermischen und etwas verkneten. 2/3 des Teiges in die Formen verteilen und festdrücken (auch am Rand).
Für die Creme die rote Rübe schälen, Avocado entkernen und Fruchtfleisch herauslösen. Avocado mit roter Rübe, Kokosöl, Knoblauch, Currypulver und Kreuzkümmel fein pürieren und anschließend mit Salz abschmecken. Koriander fein hacken und unter die Creme rühren. Die fertige Fülle in die Tarteformen gießen und mit dem restlichen Drittel Teig bröselig bestreuen. Die Minitartes müssen für etwa 2 Stunden in den Kühlschrank. Danach mit Koriander verzieren und servieren.

NUSSFREI

Obstsalat mit Ingwer-Minzdressing

Süß-Scharfer Obstgenuss
Für 2 Schüsselchen

4 Handvoll gemischtes Obst
2 cm Ingwer
2 EL Agavendicksaft
10 EL frischgepresster Orangensaft
4 EL Minzblätter, gehackt
1 MSP Vanillepulver

Ingwer fein reiben und mit gehackter Minze, Agavendicksaft, Orangensaft und Vanillepulver mischen. Das Dressing im Kühlschrank gut zwei Stunden ziehen lassen. Das Obst bei Bedarf schälen und alles in mundgerechte Stücke verarbeiten. Das gezogene Dressing mit dem Obst mischen und frisch servieren.

NUSSFREI

Grießbrei aus Flohsamenschalen

Erinnerungen an Oma
Für 2 Genießer

400 ml Mandelmilch
8 große Datteln oder andere süße Trockenfrüchte
3 EL Flohsamenschalen
2 MSP Zimt
2 MSP Vanillepulver
Blüten oder Zimt oder Kakaopulver zum Bestreuen

Mandelmilch und entkernte Datteln mit den Flohsamen kurz mixen. Den Brei mit Zimt und Vanillepulver abschmecken und auf 2 Schüsselchen aufteilen. Mit Blüten, Zimt oder Kakaopulver bestreuen und sofort servieren.

Müslibällchen

Energieschub am Morgen
Für 14 Bällchen

120 g Datteln
1 Stk. Orange
60 g Mandeln, gemahlen
50 g Sesam
20 g Sonnenblumenkerne
20 g selbstgequetschte Haferflocken (oder gekaufte)
20 g Leinsamen
10 g Kürbiskerne
80 g Kokosflocken
etwas Vanillepulver und Zimt

Orange schälen und mit den entkernen Datteln zu einer süßen Paste mixen. Die restlichen Zutaten zu der Paste geben und alles gut miteinander verkneten. Mit feuchten Händen Bällchen formen und im Kühlschrank lagern.

NUSSFREI

Feiner Gemüseaufstrich

Knackiger Topfenersatz
Für ein großes Marmeladeglas

200 g Gemüse nach Wahl (z.B. Paprika, Karotte, Lauch, gelbe Rübe)
200 g Sonnenblumenkerne
3 gepresste Knoblauchzehen
1 TL Schabzigerklee
2 EL Zitronensaft
1/2 TL Salz
250 ml Wasser
frische Kräuter nach Wahl

Das Gemüse fein reiben. Sonnenblumenkerne mit Knoblauch, Schabzigerklee, Zitronensaft, Salz und Wasser fein pürieren und mit den Gemüseraspeln vermengen. Nochmals abschmecken und über Nacht im Kühlschrank ziehen lassen.

NUSSFREI

Fruchtige Smoothie Bowl

Smoothie zum Löffeln
Für 2 Beerenliebhaber

300 g Beeren, gemischt (gerne auch aufgetaute Tiefkühl-Beeren)
2 Stk. Bananen
100 g Grapefruit oder Orange
1/3 Teelöffel Vanille
1 EL Leinsamen
zur Deko: Chia, Sesam, Leinsamen, Mandarinenfilets, Beeren…

Beeren, abgeschälte Bananen und Grapefruit mixen. Vanillepulver und Leinsamen unterrühren. Auf zwei Schüsseln aufteilen und mit allerlei Hübschem dekorieren.

Marillen-Mandelaufstrich

Fruchtiger Nussgenuss
Für 1 Marmeladeglas

100 g Marillen, getrocknet
80 g Mandeln
3 Stk. Orangen
2 EL Agavendicksaft
1 großzügige Prise Vanille

Orangen schälen und mit den restlichen Zutaten zu einem feinen Aufstrich pürieren. Der Aufstrich passt prima auf Brot oder zum Dippen von Apfelspalten.

LOWBUDGET UND STUDENTENKÜCHE

Meine Rohkostrezepte sind von Haus aus eher günstig, aber kostensparender geht immer. Ohne Nüsse und ohne viel Exoten ist die Rohkost für jedermann leistbar. Egal ob Student oder Inhaber einer kleinen Börse, die Gerichte bestechen durch Geschmack ohne teuerer Zutaten. Natürlich auch für Erben, Ölscheichs und Königinnen tauglich.

NUSSFREI

Kürbissalat mit Schnittlauch

Nussiger Knabbersalat
Für zwei Kürbisliebhaber

400 g Hokkaido, ungeschält
1 Stk. kleiner, roter Zwiebel
2 Stk. Tomaten
1 Bund Schnittlauch
2 Stk. Datteln
Apfelessig und Olivenöl
Salz und schwarzer Pfeffer aus der Mühle

Den Hokkaidokürbis mit der Gemüsereibe grob reiben. Zwiebel und Tomaten würfeln. Schnittlauch in schmale Röllchen schneiden. Die Datteln entkernen und mit Öl, Essig, Salz und Pfeffer zu einem sämigen Dressing mixen. Dressing und Gemüse vermischen und kurz ziehen lassen.

NUSSFREI

Gurkencremesalat mit Dille

Würzige Salatkreation
Für 2 Gläser Cremegenuss

1 Stk. Salatgurke
6 EL Sonnenblumenkerne
Saft einer Zitrone
2 Stk. gepresste Knoblauchzehen
Salz und Pfeffer
2 EL Olivenöl
etwas Apfelessig
1 Bund Dille

Die Salatgurke auf der Gurkenreibe zu hauchdünnen Scheiben verarbeiten. Die Sonnenblumenkerne mit Zitronensaft, Knoblauch, Olivenöl, etwas Wasser, Essig, Salz und Pfeffer fein pürieren. Dille fein hacken. Creme, Dille und Gurkenscheiben gut vermischen und etwas ziehen lassen. Bei Bedarf mit etwas Salz nochmals abschmecken und servieren.

NUSSFREI

Tomaten-Wassermelonensalat

Fruchtgenuss im Salat
Für Zwei Salatesser

20 Stk. Cocktailtomaten
1/2 Stk. Zucker- oder Honigmelone
10 Blatt Pfefferminze
2 kleine Zweige Thymian
Apfelessig, Olivenöl und Salz

Die Cocktailtomaten halbieren. Die Zucker- oder Honigmelone schälen, entkernen und in mundgerechte Stücke schneiden. Die Pfefferminze grob hacken. Alles zusammenmengen und mit Olivenöl, Essig und Salz, wie einen gewöhnlichen Salat, abschmecken.

Tipp: Der Salat eignet sich nicht zum Vorbereiten, weil die Melone zu weich wird. Also sofort und frisch genießen.

Ratatouille mit marinierten Pilzen

NUSSFREI

Großes Kino für Gemüsefans
Für zwei Esser

200 g Zucchini
200 g roter Paprika
200 g Tomaten
100 g Karotten
1 Stk. kleiner, gelber Zwiebel
2 gepresste Knoblauchzehen
1 EL getrocknete Kräuter de Provence
100 g Pilze marinieren
2 TL Sojasauce
1 TL Olivenöl
Für die Tomatensauce
60 g getrocknete Tomaten
100 g frische Tomaten
3 Stk. entkernte Datteln
1 TL Sojasauce
4 EL Olivenöl
50 ml Wasser
Pfeffer
Kräuter zum Dekorieren

Für die Gemüsegrundlage Zucchini, Paprika, Tomaten, Karotten und Zwiebel sehr fein würfeln. Die Pilze in Scheiben schneiden und mit Sojasauce und Olivenöl 15 Minuten marinieren. Gemüsewürfel, Knoblauch und Kräuter vermischen.
Für die Tomatensauce alle Zutaten sehr fein pürieren und der Gemüsemasse untermischen. Das Ratatouille mit Salz abschmecken und gut eine Stunde ziehen lassen. Mit marinierten Pilzen on the Top servieren und mit Kräutern dekorieren.

NUSSFREI

Obst-Smoothie

Der schnelle Snack zwischendurch
Für ein kleine Karaffe voll

2 Stk. Orangen
1 Stk. Mandarine
1 Stk. Kaki
2 MSP Kurkuma
1cm Ingwer
200 ml Wasser

Orange und Mandarinen abschälen und mit den restlichen Zutaten zu einem cremigen Smoothie pürieren. Wenn man es lieber dicker hat - Wasser weglassen!

NUSSFREI

Beerensorbet mit Früchtetopping

Eisgenuss ganz einfach
Für 2 Gläser voll

150 g gefrorene Erdbeeren
150 g gefrorene Himbeeren
150 g gefrorene Heidelbeeren
Früchte für oben drauf

Die Beeren ca. 10 Minuten antauen und anschließend getrennt fein pürieren. In 2 Gläsern schichtweise anrichten und mit Obst nach Wahl toppen.

ROHGENUSS-Hinweis: Als Liebhaberin von kurzen Zutatenlisten und als Verehrerin des Minimalismus ist die Anzahl der Zutaten völlig ausreichend. Selbstverständlich kann man mit Datteln oder Agavendicksaft süßen oder mit Zitronensaft oder Orangensaft etwas säuern. Jeder, wie er es liebt und mag :)

NUSSFREI

Bananenparfait

Süßer Bananentraum
Für 2 Leckermäulchen

4 Stk. Bananen (vollreif)
1 Stk. Mandarine
1 TL Kakaopulver zum Bestreuen
1 TL Vanillepulver
etwas zum Verhübschen (z.B. Granatapfel)

Die Bananen abschälen und in Scheiben schneiden. Die Bananenstückchen in einem Tiefkühlsackerl einfrieren. Vor dem Pürieren die eingefrorenen Bananenscheiben für gut 15 Minuten antauen lassen. Mandarine abschälen und mit den Bananenscheiben und Vanillepulver cremig pürieren. Das Parfait in Gläser füllen und mit Kakaopulver bestreuen.

Tipp: Immer nur sehr vollreife Bananen mit vielen braunen Flecken verwenden. So kann man von der Fruchtsüße zehren und muss nicht nachsüßen.

NUSSFREI

Gemüse-Kräutersandwiches

Die andere Teejause
Für 10 Sandwiches

2 Stk. rote Rüben
200 g Spinat
1 Stk. kleine Karotte
1 Stk. Avocado
1 MSP Muskat
2 Stk. gepresste Knoblauchzehen
Pfeffer und Salz
frische Kräuter nach Wahl

Die roten Rüben schälen und in dünne Scheiben schneiden. Spinat sehr fein hacken. Karotte sehr klein würfeln. Avocado entkernen, schälen und mit einer Gabel zerdrücken. Karottenwürfel, Knoblauch, gehackten Spinat, Muskat, Kräuter, Pfeffer und Salz zum Avocadomus geben und gut vermischen.
5 rote Rübenscheiben mit der Gemüsecreme belegen und die weiteren Rübenscheiben darauf setzen.

Tipp: Anstelle der roten Rüben passen Gurkenscheiben oder Tomatenscheiben.

NUSSFREI

Würziger Paprikahummus

Dip oder Brotaufstrich
Für ein Marmeladeglas

2 rote Paprika
1 Trinkglas Sonnenblumenkerne
4 EL Sesam
3 EL Olivenöl
Saft einer halben Zitrone
2 Knoblauch
1/2 TL gemahlener Kreuzkümmel
Salz

Paprika entkernen und mit allen restlichen Zutaten cremig pürieren. Mit Salz nachwürzen und bei Bedarf pfeffern.

NUSSFREI

Stangensellerie-cremesuppe mit Dille

Ein besonderer Frischekick
Für eine sehr ausgiebige Schüssel

1 Stk. Avocado
5 Stk. Stangensellerie
300 ml Wasser
1 Knoblauchzehe
Salz oder 1 Suppenwürfel
1 Bund Dille
1/2 Bund Estragon

Avocado entkernen und schälen. Stangensellerie grob würfeln und die Kräuter grob hacken. Alle Zutaten mit einem Standmixer cremig pürieren. Die Suppe abschmecken und mit etwas Kräuter sogleich servieren.

NUSSFREI

Goldene Rübe mit Kresse

Rüben mal anders
Für 2 Salatschüsserl

400 g gelbe Rüben
1 Tasse Kresse
5 cm Porree
1 TL Senf (muss nicht unbedingt roh sein:)
2 Stk. gepresste Knoblauchzehen
2 EL Olivenöl
Saft einer Zitrone
Salz und weißer Pfeffer aus der Mühle

Die gelben Rüben schälen und in dünne Scheiben schneiden. Kresse aus der Tasse heben und abschneiden. Porree in hauchdünne Scheiben verarbeiten und mit der gelben Rübe und Kresse vermengen. Aus Senf, Knoblauch, Olivenöl, Zitronensaft, Salz und Pfeffer ein „g'schmackiges" Dressing anrühren.
Rübengemüse mit dem Dressing vermischen und kurz ziehen lassen.
Tipp: Passt auch gut mit roten Rüben!

PICKNICK UND DRAUSSEN

Laue Sommerabende laden zum gemütlichen Zusammensitzen im Freien ein. Ob auf der Wiese, einer Lichtung, im Park, am Meer oder „nur“ am heimischen Balkon – Rohkost bringt Abwechslung auf den Tisch – oder die Picknickdecke. Und sollte es mal regnen: Die Gerichte taugen auch für den Indoorgenuss, egal ob man alleine ist oder der ganze Freundekreis in der Küche sitzt.

Mediterraner Rohzzarella mit Tomaten

Caprese mal anders
Für einen großen Teller für zwei

Für den Flohsamenmozzarella:
200 ml Wasser
2 EL Flohsamenschalen gemahlen
70 g Cashewkerne
2 EL Zitronensaft
1 TL Kräutersalz
2 MSP schwarzer Pfeffer
1 TL italienische Kräuter, getrocknet
4 gepresste Knoblauchzehen

450 g Cocktailtomaten
2 EL Zitronensaft oder Apfelessig
2 EL Olivenöl
Salz
Basilikumblätter zur Deko

Die Flohsamenschalen mit 200 ml Wasser verrühren und gut drei Stunden an einem kühlen Ort gelieren lassen (es bekommt die Konsistenz eines Wackelpuddings). Die Cashewkerne mit Wasser bedecken und ebenso einweichen (dies ist wichtig für die Konsistenz des „Mozzarellas").
Nach der Einweichzeit die Cashews abseihen und in einen Standmixer geben. Zitronensaft, Knoblauch, Kräutersalz, Pfeffer und getrocknete Kräuter zugeben und alles fein mixen. Die gelierten Flohsamenschalen dem gewürzten Nussmus hinzugeben und nochmals gut gleichmäßig durchmixen. Die formbare Masse in Frischhaltefolie einwickeln (entweder rund oder länglich) und im Kühlschrank 1 Nacht ziehen lassen. Der fertige Flohsamenmozzarella kann wie „normaler" geschnitten werden.
Für die Caprese Tomaten halbieren und mit dem Mozzarella dekorativ auf einem großen Teller anrichten. Aus Zitronensaft, Öl und Salz ein Dressing anrühren und über den Tomaten mit Mozzarella verteilen. Mit Basilikumblättern dekorieren und genießen.

Tipp: Der Flohsamenschalenmozzarella kann beliebig abgewandelt werden. Wie wäre es mit einer asiatischen Variante ... statt getrockneter Kräuter und Knoblauch z.B. Lemongrass getrocknet und etwas Currypulver?

Kokos-Trifle mit Limettenstreusel und Erdbeeren

Glück ist essbar
Für 4 kleine Gläser

200 g Cashewkerne
Saft von 2 Limetten
250 ml Wasser
3 TL Agavendicksaft oder Dattelsirup
70 g Kokosflocken oder 4 EL Kokosmus

Für den Streusel
70 g Macadamianüsse
40 g getrocknete Aprikosen/Marillen
Saft einer halben Zitrone
1 MSP Vanillepulver
250 g Erdbeeren

Die Cashewkerne mit dem Limettensaft, Wasser, Agavendicksaft und Kokosflocken/Kokosmus zu einer feinen Creme pürieren. Eventuell mit mehr Säure oder mehr Süße abschmecken.
Für die Streusel die Macadamianüsse sehr fein hacken und die getrockneten Marillen in winzig kleine Würfel schneiden. Macadamiabrösel und Marillenwürfel zusammenmischen, Zitronensaft und Vanillepulver zugeben. Alles gut mischen, bis es schön streuselig wird.
Die Erdbeeren in dünne Scheiben schneiden.
Die Gläser erst mit Erdbeerscheiben, dann mit etwas Streusel, danach Creme und wieder Streusel schichten. Die Trifle mit Beeren nach Wahl garnieren.

Tipp: Es müssen nicht immer Erdbeeren sein. Auch Heidelbeeren oder Ribisel passen ganz wunderbar zu der süßen Kokoscreme.

NUSSFREI

Tabouleh vom Karfiol

Salatgenuss mal anders
Für eine Salatschüssel voll

500 g Karfiol/Blumenkohl
100 g Tomaten
150 g roter Paprika
100 g Gurke
3 Stk. Knoblauchzehen, gepresst
10 Blätter Minze
4 EL Olivenöl
Saft einer großen Zitrone
Salz

Den Karfiol in Röschen teilen und mit einem Messer sehr klein hacken (die Stückchen sollten nicht größer als Reiskörner sein. Tomaten, Paprika und Gurke fein würfeln und unter den Karfiol heben. Die Minzblätter klein hacken und mit den gepressten Knoblauchzehen, Olivenöl und Zitronensaft zum Gemüse mischen. Mit Salz abschmecken und eine Stunde ziehen lassen.

Tipp: Für noch mehr 1001 Nacht etwas Curry und Zimt hinzugeben.

Löffelsmoothie mit hausgemachtem Granola

Knuspergenuss für jeden Anlass
Für 2 große Smoothiegläser

Der Smoothie

5 Stk. Pfirsiche
2 EL Heidelbeeren
Saft einer halben Zitrone
50 g rote Rübe/rote Beete
300 g hausgemachtes Granola (Rezept siehe rechts)
1 Handvoll Beeren zur Dekoration

Für den Smoothie die Pfirsiche entkernen und die rote Rübe schälen. Pfirsiche, rote Rübe, Heidelbeeren und Zitronensaft zu einem cremigen Smoothie pürieren. Den Smoothie in Gläser füllen und mit Granola toppen. Mit Beeren verzieren und sofort löffeln.

Das hausgemachtes Granola (für 700 g)

100 g Haselnüsse
100 g Mandeln
70 g Macadamia
40 g getrocknete Aprikosen/Marillen
10 g Sesam
60 g grobe Haferflocken
40 g Rosinen
40 g Gojibeeren
1 EL Agavendicksaft
20 g Leinsamen
50 ml Wasser
6 Stk. Datteln
50 ml Kokosöl

Alle Nüsse und alle Trockenfrüchte fein hacken (entweder mit einer Küchenmaschine oder mit viel Geduld mit Messer und Brett). Die Nuss-Trockenfrüchtemischung mit Sesam, Haferflocken, Agavendicksaft, Wasser, Leinsamen und Kokosöl mischen und durchkneten, bis es etwas „körndelig“ wird. Die Masse könnte bei 40° im Backrohr getrocknet werden (ca. 5 Stunden). Ich empfehle jedoch das Granola im Kühlschrank härten zu lassen und bei Bedarf die jeweilige Menge herauszunehmen.

Tipp: Wem die Einkaufsliste zu lange ist, kann nur eine Sorte Nüsse verwenden und auch die Trockenfrüchte auf eine Art reduzieren.

NUSSFREI

Exotischer Schichtsalat

Genuss wie im Urlaub
Für 6 Marmeladengläser

500 g Weißkraut
1 Stk. Orange
1 TL Essig
1 EL Olivenöl
2 Stk. Knoblauchzehen, gepresst
2 EL Sesam
1 Stk. Granatapfel
½ TL Salz

250 g Chinakohlsalat
20 g Kokosflocken
5 g Lemongrass, getrocknet
180 g Mango
½ TL Salz
1 Schuss Essig
1 EL Öl

Für den Weißkrautsalat das Kraut sehr klein schneiden oder hobeln. Die Orange auspressen und über das Kraut gießen. Mit Öl, Essig, Salz, Knoblauch und Sesam den Salat abschmecken. Den Granatapfel entkernen und die Kerne dem Weißkrautsalat unterheben.
Für den Chinakohl-Kokossalat den Chinakohl in sehr dünne Streifen verarbeiten. Die Mango schälen und fein würfeln. Mangowürfel und Chinakohlstreifen mit Lemongrass, Salz, Essig und Öl abmachen.
Die beiden Salate abwechselnd in Gläser schichten.

Tipp: Diese Salate eigenen sich hervorragend zum Vorbereiten. Tags zuvor in Gläser füllen und am nächsten Tag mitnehmen und genießen.

NUSSFREI

Melonenbowle

Rohköstlich und alkoholfrei genießen
Für zwei Liter Sommergenuss

1 Stk. kleine Wassermelone
½ Stk. Zucker- oder Honigmelone
1,5 L Apfelsaft, frisch gepresst (bitte Schaum absieben)
100 g Himbeeren oder Erdbeeren
5 EL Agavensirup oder anderes Süßungsmittel
Saft einer Zitrone
5 Stk. Minzzweige
20 Stk. Eiswürfe

Die Melonen halbieren und die Zuckermelone entkernen. Mit einem Kugelstecher kleine Melonenkügelchen stechen. Die Himbeeren mit 500 ml Wasser gut mixen und mit dem Apfelsaft vermischen. Zitronensaft und Agavensirup der Saftmischung zugeben und gut umrühren. Die Melonenkügelchen mit den Minzzweigen in den Saft einlegen und gut 1 Stunde ziehen lassen. Vor dem Servieren die Eiswürfel in die Bowle geben und mit einem Schöpfer servieren!

Tipp: Klein geschnittener Pfirsich anstelle der Melonen erfrischt ebenso ganz wunderbar.

Gurkenröllchen mit Spinat-Cashewfülle

Cremiger Vitalgenuss
Für 20 Röllchen zu zweit

1 Stk. Salatgurke
450 g Blattspinat (aufgetaut oder frisch)
160 g Cashewkerne
Saft einer halben Zitrone
½ TL Muskat, gemahlen
3 Stk. Knoblauchzehen
1 TL Salz
1 EL Sesam

Die Salatgurke der Länge nach mit einem Sparschäler in dünne Streifen verarbeiten. Den Blattspinat (wenn aufgetaut bitte ohne Auftauwasser) mit dem Zitronensaft, den abgeschälten Knoblauchzehen, Salz und Muskat fein pürieren. Dem Spinatpüree die Cashewkerne zufügen und gut weitermixen bis eine gleichmäßige Fülle entsteht. Die Gurkenstreifen mit einem gut gehäuften Teelöffel Spinatmus belegen und einrollen. Die cremigen Röllchen mit Sesam bestreuen und mit Basilikum dekorieren.

Radieschen-Minztzatziki mit Gemüsesticks

Dipgenuss vom Feinsten
Für 6 Gläser mit Dip und Gemüse

250 g Radieschen
100 g Cashewkerne
20 ml Wasser
Saft einer Zitrone
3 Stk. gepresste Knoblauchzehen
10 Stk. Minzblätter
Salz und Pfeffer
Gemüse zum Dippen nach Wahl (Gurke, Karotte, Paprika, Stangensellerie ...)

Cashewkerne mit Wasser, Zitronensaft, Salz und Knoblauch fein pürieren. Die Radieschen und Minzblätter sehr fein hacken und unter das Cashewmus heben. Mit Salz und Pfeffer abschmecken und in Gläser geben. Gemüsesticks in die Gläser stecken und servieren.

Tipp: Anstelle der Cashewkerne können Sonnenblumenkerne oder Mandeln verwendet werden.

NUSSFREI

Gefüllte Minipaprika

Feinste Fingerhappen
Für 6 Stück Blitzgenuss

6 Stk. Minipaprika, bunt gemischt (ca. 250g)
1 Stk. vollreife Avocado
1 Stk. kleine Karotte
1 Stk. Tomate
1 TL Zitronensaft
2 Stk. Knoblauchzehen
Salz und etwas Pfeffer
etwas frischer Oregano

Die Kappe der Paprika vorsichtig abschneiden und die Paprika entkernen. Avocado halbieren, entkernen und das Fruchtfleisch mit einem Löffel auslösen. Avocado mit einer Gabel zu einer Creme verarbeiten. Karotte mit einer Gemüsereibe fein reiben. Tomaten klein würfeln. Das Gemüse mit dem Avocadopüree vermengen und mit gepresstem Knoblauch und Salz abschmecken. Die cremige Masse in die Minipaprika kompakt einfüllen und mit frischem Oregano verhübschen.

NUSSFREI

Scharfe Avocadosuppe

Cremiges zum Löffeln
Für 6 kleine Suppen

2 Stk. Avocados
300 ml Wasser
Saft einer Zitrone
1 Stk. gepresste Knoblauchzehe
1 Suppenwürfel oder 1 EL Suppengranulat
1 kleine getrocknete Chilischote
2 EL gehackte Petersilie
eventuell etwas Salz

Die Avocados halbieren, entkernen und das Fruchtfleisch mit einem Löffel herausheben. Fruchtfleisch, Wasser, Suppenwürfel, Zitronensaft, Chili und Knoblauch fein cremig pürieren. Die gehackte Petersilie unterrühren und nochmals mit Salz abschmecken.

Tipp: Mit Eiswürfeln versetzt, ist die Suppe der ideale Abkühler.

BUNT GEMISCHT UND ALLERLEI

Mädelsabend, Fussball gucken, Familienfest, Taufe, schnelle Jause, Mittagessen, Singelessen, Feste und Feiern, Besuche von der Schwiegermama oder einfach nur so für zwischendurch. Zahlreiche Gerichte bestechen mit kunterbunten Farben, ausgefallener Präsentation und vorallem durch 100% natürlichem Geschmack. Lass mehr Rohkost in Dein Leben! ROH ROCKT!

NUSSFREI

Orangenbowle

Saurer Trinkgenuss
Für 2 Genießer

300 ml Wasser
200 ml frischgepresster Apfelsaft
2 Stk. Orangen
Saft einer Zitrone
1 EL Agavendicksaft

Orangen in dünne Scheiben schneiden und in eine Karaffe geben. Mit den restlichen Zutaten aufgießen und im Kühlschrank für 2-3 Stunden kalt ziehen lassen.

NUSSFREI

Scharfer Gurkensalat mit Mango und Ananas

Exotische Salatvariation
Für 2 Süß-Sauer Liebhaber

200 g Gurke
200 g Mango
150 g Ananas
Chiliflocken nach Geschmack
Olivenöl
Saft einer halben Limette
Kräutersalz

Das geschälte Obst zu kleinen Würfeln schneiden. Die Gurke ebenso würfeln. Obst und Gemüse zusammen mischen und mit Limettensaft, Olivenöl, Kräutersalz und Chiliflocken nach Schärfebedarf abschmecken.

NUSSFREI

Gefüllte Radicchioblätter

Feiner Fingersnack
Für 2 hungrige Esser

6 Radicchioblätter
2 weitere Blätter Radicchio
1 Stk. kleine Karotte
1 Stk. Avocado
1 Stk. Orange
1 Stk. gelber Paprika
100 g Sonnenblumenkerne
2 Stk. Knoblauchzehen
2 EL Olivenöl und 1 Schuss Essig
Saft einer halben Limette
Kräutersalz und Pfeffer
200 ml Wasser

Sonnenblumenkerne mit Wasser, Olivenöl, Essig, Kräutersalz, Limettensaft, Knoblauchzehen und etwas Pfeffer zu einer feinen Creme pürieren. Karotte, Avocado, Orange und Paprika klein würfeln und der Sonnenblumenkerncreme untermischen. Die 2 weiteren Radicchioblätter klein hacken und dazurühren.
Die 6 Radicchioblätter mit der Masse füllen und gerne etwas ziehen lassen.

NUSSFREI

Gurkentatar mit Avocado

Knackig & Cremig
Für 2 Salatkenner

2 Stk. Avocado
400 g Gurke
1/2 TL Schabzigerklee, getrocknet
1 Stk. Knoblauchzehe, gepresst
2 EL Olivenöl
Saft einer halben Zitrone
Salz und Pfeffer
etwas Sesam

Die Avocados entkernen und das Fruchtfleisch auslösen. Gurke und Avocado in sehr feine Stücke schneiden. Schabzigerklee, Knoblauch, Zitronensaft, Olivenöl, Salz und Pfeffer zufügen und gut durchmischen (die Avocado darf ruhig etwas cremiger werden). Im Glas oder Dessertring anrichten und mit Sesam bestreuen.

Gefüllte Haselnussmuffins

Glück ist machbar
Für 6 Stück

1 Stk. Orange
100 g süße Trockenfrüchte (z.B. Datteln)
200 g gemahlene Nüsse
etwas Zimt

2 EL Himbeeren
1/2 Stk. kleine Bananen

Zitronenzesten

Die geschälte Orange mit Zimt und den Trockenfrüchten pürieren. Gemahlene Nüsse unter die süße Paste mischen und mit feuchten Händen Kugeln formen und eine befüllbare Senkung eindrücken.

Für die Füllung die Banane und Himbeere pürieren. Diese dann in die Muffineinbuchtung füllen und mit Zitronenzesten bestreuen.

NUSSFREI

Erdbeer-Fruchtaufstrich

Gesunde Marmeladenalternative
Für 1 Glas Fruchtgenuss

100 g Erdbeeren (es klappt auch mit Tiefkühlerdbeeren)
3 Stk. Datteln
1 EL Chiasamen
etwas Vanille und 1 TL Zitronensaft

Die Datteln entkernen und mit den restlichen Zutaten zu einer sehr feinen Creme pürieren.

Tipp: Da es sich um reine Naturprodukte handelt, ist die Haltbarkeit auf eine kurze Zeit beschränkt. Das Tolle daran ist, dass man natürlich auch nur die Hälfte der Zutaten verwenden kann :)

Schokoladen- Nusstorte

Schokotraum mit Karotte
Für ein Törtchen für Zwei

Für den Teig
2 Stk. Mandarinen
100 g Rosinen
1/2 TL Zimt
120 g Walnüsse, gerieben
1 Stk. Karotte

Für die Glasur
100 g Cashewkerne
2 EL Kokosöl
1 Stk. Mandarine
2 gehäufte EL Kakaopulver
2 EL Agavendicksaft
2 MSP Vanillepulver
Kokosstreifen zum Verzieren

Für den Teig die abgeschälten Mandarinen mit den Rosinen und dem Zimt pürieren. Die Karotte fein reiben und mit den Walnüssen zu der Mandarinen-Rosinenpaste mischen. Den Teig in eine Minitortenform oder einen Dessertring drücken und abziehen.

Für die Glasur die Cashewkerne mit der abgeschälten Mandarine, Kokosöl, Agavendicksaft, Vanille und Kakaopulver fein mixen. Mit einem Löffel die Glasur rund um die Karottentorte auftragen (bitte auf Backpapier) und dann sofort die Kokosstreifen daraufsetzen. Im Kühlschrank 3-4 Stunden härten lassen.

NUSSFREI

Erdbeer-Gazpacho mit Fruchtsorbet

Fruchtige Suppe
Für 2 süße Löffler

400 g tiefgekühlte oder frische Erdbeeren
6 Stk. Mandarinen oder 2-3 Orangen
1 TL Vanillepulver
1/4 TL geriebene Zitronenschale
200 g Honigmelone

200 g Himbeeren, tiefgekühlt
Saft einer Limette
1 Stk. Mandarine

Zitronenschale, gerieben zum Dekorieren

Für das Gazpacho die Honigmelone abschälen, entkernen und würfeln. Die Mandarinen schälen. Erdbeeren mit Melone, Mandarinen, Vanillepulver und Zitronenschale pürieren. Die süße Suppe in Schüsseln aufteilen.

Für das Sorbet die Himbeeren mit dem Limettensaft und der abgeschälten Mandarine zu einem cremigen Eis pürieren (vorher die Himbeeren gut 10 Minuten antauen lassen). Mit zwei Esslöffeln Nockerl formen und in die Suppe setzen. Mit geriebenen Zitronenschalen bestreuen und sofort servieren.

NUSSFREI

Gurken-Limettendrink

Für den großen Durst
Zwei Gläser Detox

1 Stk. Salatgurke
2 Stk. Stangensellerie
1/4 Stk. Knollensellerie
Saft einer Limette

Gurke, Selleriestangen und Knollensellerie entsaften. Den Limettensaft zufügen und sofort genießen.

NUSSFREI

Thai Karottensuppe mit Mango

Eine Fernreise zum Löffeln
Für 2 Exoten

8 Stk. Karotten
1/2 TL getrocknetes Lemongrass
1 Stk. kleiner Zwiebel
100 g Mango
1 Suppenwürfel oder Salz
400 ml Wasser
Kokosstreifen und Chiliflocken zum Dekorieren

Karotten mit Lemongrass, Mangowürfeln, Wasser und Würze fein pürieren. Zwiebel sehr fein würfeln und unter die Suppe mischen. Das Süppchen mit Kokosstreifen und Chiliflocken dekorieren und sogleich genießen.

Tipp: Schmeckt auch mit Pastinaken anstelle der Karotten und mit Papaya anstelle der Mango.

Glasierte Schokobananen

Schokoladiger Obstgenuss
Für 20 Stückchen

1/2 Menge der Schokoglasur der Schokotorte
2 Stk. große Bananen
Allerlei zum Bestreuen (Mohn, Kokosflocken, Kakaonibs, Walnüsse, Sesam)

Die Bananen in 2 cm dicke Scheiben schneiden und mit Hilfe einer Gabel in die Glasur tunken. Die schokolierten Scheiben auf einen mit Backpapier ausgelegten Teller legen und mit Allerlei bestreuen. Im Anschluss die Schokobananen im Kühlschrank härten lassen.

Tipp: Anstelle von Bananen passen auch Erdbeeren oder Apfelscheiben ganz prima!

NUSSFREI

Mango-Paprika Salsa

Für Salat und Dip
Ein Marmeladenglas voll

200 g Mango
1 Stk. roter Paprika
1/2 Stk. roter Zwiebel
2 TL gehackte, frische Minze
2 MSP Chilipulver
Saft einer Limette
1 Stk. Knoblauchzehe
Salz und Pfeffer aus der Mühle

Mango, Paprika und Zwiebel sehr klein würfeln. Mit den restlichen Zutaten abschmecken und über Nacht ziehen lassen.

NUSSFREI

Sprossenavocado

Buntes Gemüse
Für 2 Avocadoliebhaber

2 Stk. Avocado
50 g Sojasprossen oder andere Sprossen
1 Stk. Karotte
1/2 Stk. Zucchini
1 TL Schabzigerklee
2 gepresste Knoblauchzehen
Olivenöl und Apfelessig
Salz
etwas Chiliflocken und getrocknete Algen

Die Avocados halbieren und entkernen. Karotte und Zucchini mit der Gemüsereibe reiben und anschließend mit Knoblauch, Schabzigerklee, Salz, Öl und Essig vermischen. Den Gemüsesalat in die Avocadohälften füllen und mit Chiliflocken und Algenflocken bestreuen.

Bananen-Erdnuss-Shake

Cremiger Sattmacher
Für 2 Gläser

20 Stk. Erdnusskerne
2 Stk. Orange
1 TL Kakaopulver
2 Stk. vollreife Bananen
bei Bedarf etwas Wasser

Orange abschälen und mit den restlichen Zutaten zu einem cremigen Smoothie mixen. Wenn es zu dickflüssig wird, etwas Wasser zufügen.

NUSSFREI

Chili-Smoothie

Stärkung der Abwehrkräfte
Für Zwei Gläser

1 große MSP frische oder getrocknete Chilischote
100 g Kaki
1 Stk. Orange
100 g Mango
1/2 TL Kurkuma
1 cm frischer Ingwer
50 ml Wasser

Orange abschälen, Kaki grob schneiden und Ingwer schälen. Das gesamte Obst mit den restlichen Zutaten zu einem cremigen Smoothie mixen.

Tipp: Wenn man Schärfe nicht gut verträgt, entweder die Chili weglassen oder nur eine Prise nehmen.

Apfel-Lasagne mit Salzkaramell

Geschichteter Genuss
Für 2 Süß-Salzige

10 Stk. Datteln
1 große Orange
1/4 TL Salz
1/2 TL Zimt
etwas Wasser
2 Stk. Apfel
1 TL geriebene Walnüsse

Die Datteln entkernen und mit der Orange, Salz, Zimt und etwas Wasser pürieren. Die Äpfel entkernen und in sehr dünne Scheiben schneiden.
In einen Vorspeisenring abwechselnd Äpfel und Salzkaramell schichten und zuletzt mit gemahlenen Walnüssen bestreuen.

NUSSFREI

Vogerlsalat mit Obstkorb

Obst trifft Salat
Für 2 fruchtige Genießer

100 g Vogerlsalat (Feldsalat)
1 Stk. Orange
1 Stk. Granatapfel
10 Stk. blaue Trauben
5 cm Porree
1 Stk. gepresste Knoblauchzehe
Olivenöl und Apfelessig
Salz

Die Orange schälen und würfeln. Den Granatapfel entkernen und die Trauben halbieren. Porree in sehr dünne Scheiben schneiden. Das gesamte Obst behutsam mit dem Vogerlsalat vermengen und mit Knoblauch, Öl, Essig und Salz abschmecken.

NUSSFREI

Gefüllte Cremechampignons mit Kräutersalat

Geschmack in Hülle und Fülle
Für 2 Esser

6 Stk. große, braune Champignons
4 EL frische, gehackte Kräuter (bunte gemischt)
2 EL Olivenöl
2 EL Pinienkerne
1/2 Stk. Fenchel
2 gepresste Knoblauchzehen
Salz und Pfeffer

Pinienkerne mit den Kräutern, Olivenöl, Salz und Pfeffer im Mörser zu einer sehr würzigen Paste verarbeiten. Fenchel klein schneiden und mit dem Pesto und dem gepressten Knoblauch vermengen. Die Pilzstiele entfernen und die Pilzhüte vorsichtig reinigen. Die Fenchel-Pestomasse in die Pilzhüte füllen und gut eine Stunde ziehen lassen.

Ingwer Inbetweener mit Vanilleeis

Eis mal anders
Für 4 Eissandwiches

100 g gemahlene Nüsse nach Wahl
Saft einer halben Zitrone
1 Stk. Mandarine
50 g Kokosflocken
50 g süße Datteln
1 TL geriebener Ingwer, frisch
2 MSP Meersalz

Für das Eis (hier hat man noch etwas Eis für später)
200 g Kokosflocken
200 g Cashewkerne
100 ml Wasser
120 ml Agavendicksaft
2 TL Vanillepulver
1 MSP Salz

2 EL Kakaonibs

Für den Cookie die Mandarine mit dem Zitronensaft, den Kokosflocken, Ingwer und Salz pürieren. Die gemahlenen Nüsse unterrühren und bei Bedarf mehr hinzugeben, bis ein formbarer Teig entsteht.
Auf einem Backblech 8 Cookies formen und im Kühlschrank etwas ziehen lassen.

Für das Eis alle Zutaten sehr, sehr fein pürieren und im Tiefkühler einfrieren. Wenn die Masse gefroren ist, die Hälfte nochmals im Mixer cremig mixen und im Anschluss zwischen die 2 Cookies füllen. Den Eisrand mit Kakaonibs verzieren und nochmals im Tiefkühler härten lassen.

NUSSFREI

Asiatische Gartenrolle

Asia in der Küche
Für 20 Röllchen

1 Stk. Zucchini
30 g Sonnenblumenkerne
1/4 TL getrocknetes Lemongrass
1 TL Sojasauce
2 Stk. gepresste Knoblauchzehen
Saft einer halben Limette
1 Stk. Minigurke
1 Stk. Karotte
1/2 Stk. gelber Paprika
etwas Kresse

Die Zucchini der Länge nach mit einem Sparschäler in dünne Streifen verarbeiten. Sonnenblumenkerne, Lemongrass, Sojasauce, Limettensaft und Knoblauch pürieren oder im Mörser fein verarbeiten.
Karotte, Minigurke und Paprika zu schmalen Streifen schneiden.
Je einen TL Creme auf einen Zucchinistreifen streichen, ein paar Gemüsestreifen einlegen und einrollen.
Mit Kresse verzieren und in Sojasauce dippend genießen.

Chinesische Nudeln mit Crunch

Exotisches Gemüse
Für 2 Stäbchen

20 Stk. Brokkoliröschen
5 Stk. frische Maiskölbchen
1 Stk. gelber Paprika
8 Stk. Champignons
50 g Sojasprossen
1 Stk. Karotte
1 Stk. Zucchini
5 EL Erdnusskerne
2 EL Sesamöl
2 EL Sojasauce
1 TL Agavendicksaft
2 gepresste Knoblauchzehen
1 TL frischer Ingwer gerieben
etwas Limettensaft

Sesamöl, Sojasauce, Ingwer, Agavendicksaft, Knoblauch und Limettensaft vermischen und ziehen lassen. Währenddessen Maiskölbchen halbieren, Paprika würfeln, Champignons in Scheiben schneiden und Karotte fein reiben. Die Zucchini spiralisieren oder mit einem Julienneschneider dünn schneiden. Das gesamte Gemüse mit der gezogenen Sauce und den Erdnusskernen vermischen und weitere 30 Minuten ziehen lassen. Mit Algenflocken und Chiliflocken bestreuen und genießen.

Papaya Carpaccio mit Minzpesto

Sommerliche Vielfalt
Für zwei Teller

1 Stk. große Papaya
100 g Minze
50 g Cashewkerne oder Pinienkerne
Saft einer Limette
5 EL Fruchtessig
4 EL Olivenöl
etwas Kräutersalz
2 EL Sesam
etwas Chiliflocken
etwas Algenflocken
Sprossen nach Wahl zur Deko

Die Papaya halbieren, entkernen und in dünne Scheiben schneiden. Für das Pesto Cashewkerne oder Pinienkerne, Minzblätter, Limettensaft, Olivenöl und Salz im Mörser cremig verarbeiten.
Die Papayascheiben auf zwei Teller verteilen und mit dem Minzpesto beträufeln. Essig ebenso verteilen und mit Sesam, Chiliflocken, Algen und Sprossen nach Wahl dekorieren.

Papaya Bowl

Good Morning Bowl
Für 2 Löffel

1 Stk. halbe Papaya
50 g Beeren, gemischt
50 g Cashewkerne
1 TL Limettenschale
1 EL Agavendicksaft
Saft einer halben Limette
zum Verzieren: Maulbeeren, Kokosflocken, Kiwano, Trauben

Cashewkerne mit den Beeren, Limettenschale, Limettensaft und Agavendicksaft fein pürieren und in die entkernte Papayahälfte gießen. Die Papaya Bowl mit Maulbeeren, Kokosflocken etc. verhübschen und kalt servieren.

NUSSFREI

Pink Lasagne

Rosaroter Gemüseturm
Für zwei Teller

1 Stk. Zucchini
5 EL roter Rübensaft
20 g rote Rübe
2 Stk. Tomaten
5 Stk. getrocknete Tomaten
2 Stk. Knoblauchzehen
1 TL gehacktes Basilikum
Salz und Pfeffer
schwarzer Kümmel und etwas Petersilie

Die Zucchini mit einem Sparschäler der Länge nach in dünne Streifen verarbeiten. Den roten Rübensaft in einen Suppenteller gießen und die Zucchinistreifen darin einfärben (dauert ca. 15 Minuten). Für die Sauce das Stück rote Rübe mit den getrockneten und frischen Tomaten, Knoblauch, Salz und Pfeffer pürieren. Das Basilikum unterrühren und die Sauce nochmals abschmecken. Zucchinistreifen und Sauce abwechselnd schichten und mit Kümmel, sowie Petersilie dekorieren.

Tipp: Gut klappen auch Gurkenstreifen!

HOCHZEIT UND ROMANTIK

Romantische Anlässe verlangen traditionell nach besonderen Gerichten. Ob Hochzeit, romantisches Dinner, Fete Blanche oder einfach nur so. Wem nach etwas ausgefallenen ist, der ist bei diesem Kapitel richtig. Weiße Gerichte begleiten durch den besonderen Anlass und schmücken den Tisch in sehr edler Art.

NUSSFREI

Weiße Blumenkohlsuppe

Intensiver Suppengenuss
Für zwei Löffel

300 g Karfiolröschen
400 ml Wasser
1 Stk. Suppenwürfel
1 Stk. Knoblauchzehe
1 Schuss Olivenöl
1 TL Rosmarin getrocknet oder frisch gehackt

Alle Zutaten, ausser Rosmarin, im Mixer zu einer cremigen Suppe pürieren. Mit etwas Salz bei Bedarf abschmecken und sogleich servieren. Die gefüllten Suppenteller mit Rosmarin bestreuen.

NUSSFREI

Japanisch inspirierter Rettichsalat

Japan im Salat
Für 2 Portionen

800 g Rettich
3 EL Sojasauce
2 TL Sesam
2 Stk. Knoblauchzehen
4 EL Olivenöl
2 EL Essig nach Wahl
1 TL Algenflocken (optional)

Rettich fein reiben und mit den gepressten Knoblauchzehen, Olivenöl, Essig, Sojasauce und Algenflocken vermengen. Den angerichteten Salat mit Sesam bestreuen und servieren.

Tipp: Sojasauce gibt es natürlich auch in reiner Rohkostqualität - muss aber nicht sein!!

Weiße Nudeln mit Cashew-Zitronensauce

Säuerlich & cremig
Für zwei Gäste

200 g Kohlrabi
200 g weißer Rettich
Saft von 1 Zitrone
160 g Cashewkerne
3 Stk. geschälte Knoblauchzehen
Kräutersalz
250 ml Wasser

Kohlrabi und Rettich schälen und mit einem Spiralisierer oder Julienneschneider zu Nudeln verarbeiten. Die restlichen Zutaten zu einer Sauce pürieren und abschmecken. Die Sauce mit den Gemüsenudeln vermischen und kurz ziehen lassen.

Tipp: Die Sauce wird wesentlich „g'schmackiger", wenn man unterschiedliche Kräuter fein hackt und hinzugibt!

NUSSFREI

Schneeweißchen Carpaccio

Märchenhafter Genuss
Für zwei Tellerchen

1 Stk. Kohlrabi
20 cm Rettich
1/2 Stk. Gurke
5 cm Lauch oder 1 Stk. Jungzwiebel
1 Tasse Kresse
3 EL weißer Balsamico
1 Stk. gepresste Knoblauchzehe
2 EL Olivenöl
Salz und etwas weißer Pfeffer

Kohlrabi schälen. Rettich, Gurke und Kohlrabi in sehr dünne Scheiben schneiden. Lauch in feine Ringe verarbeiten und die Kresse abzupfen. Aus Essig, Knoblauch, Olivenöl, Salz und Essig ein würziges Dressing rühren. Die Gemüsescheiben auf zwei Teller auflegen und mit dem Dressing beträufeln.

Tipp: Für eine nicht-schneeweiße Variante kann jedes Gemüse aus dem Regal verwendet werden!

Kokosnuss-Hochzeitstorte

Rohköstliches Feiern
Für eine kleine Tortenform

Für den Boden

125 g Haselnüsse gemahlen
1 Stk. Orange
4 Stk. Datteln
1/2 TL Vanillepulver

Für die Creme

350 g Kokosflocken
130 g Kokosmus
150 g Agavendicksaft
4 MSP Vanillepulver oder Mark einer Vanilleschote

Zum Dekorieren
Lavendel und Minze

Die Tortenform gut mit Kokosöl ausfetten oder mit Frischhaltefolie auslegen.
Für den Boden die Orange mit den entkernten Datteln und dem Vanillepulver zu einer süßen Paste pürieren. Die gemahlenen Haselnüsse unter die Paste mischen.
Den Teig für den Boden in der Tortenform gut festdrücken.
Für die Creme alle Zutaten zusammenmengen und ebenso in die Tortenform drücken (ist nicht sehr weich … wird aber härten). Die Torte für gut 4 Stunden im Kühlschrank härten lassen und anschließend vorsichtig aus der Form lösen.
Mit Lavendel bestreuen und ein Minzblättchen darauflegen.

Tipp: Kokosöl oder Kokosmus nie im Kühlschrank aufbewahren. Bevor ich es benutze, lasse ich es im sehr warmen Wasserbad weich werden.

NUSSFREI

Kohlrabi-Rosensalat mit Granatapfel

Knackig trifft Sauer
Für zwei Verliebte

2 Stk. Kohlrabi
1 Stk. Granatapfel
Saft einer Limette
2 EL Olivenöl
Kräutersalz oder Salz
etwas weißer Pfeffer

Kohlrabi schälen und entweder in hauchdünne Scheiben schneiden oder mit dem Spiralisierer Röschen drehen. Den Granatapfel entkernen. Alle Zutaten zusammenmischen. Den rosaroten Salat mit Granatapfelkernen bestreut anrichten und sogleich genießen.

Tipp: Anstelle von Kohlrabi kann auch Rettich verwendet werden.

Weißes Fruchtfondue zu violetten Früchten

Dipgenuss mit Freunden
Für 450 ml (ca. 4 Portionen)

200 g Cashewkerne
3 EL Agavendicksaft
Saft einer Zitrone
1 TL Vanillepulver
300 ml Wasser

violette Früchte (Zwetschken, Heidelbeeren, Trauben ...)

Die Cashewkerne mit dem Agavendicksaft, Zitronensaft, Vanillepulver und Wasser zu einer sämigen Sauce mixen. Die Früchte in mundgerechte Stücke verarbeiten und dekorativ auf Holzspieße stecken. Die Sauce in 4 Gläser gießen und mit jeweils einem Obstspieß servieren.

Tipp: Die violetten Früchte sind nur ein Vorschlag ... besonders lecker sind auch Erdbeeren oder Apfelstücke.

NUSSFREI

Kokoskonfekt mit Physalis

Karibikfeeling im Mund
Für 15 Stück Genuss

120 g Kokosflocken
40 g Kokosmus
30 g Agavendicksaft
2 EL getrocknete Physalis oder Gojibeeren

Kokosflocken, Mus und Agavendicksaft gut verkneten. Die getrockneten Früchte fein hacken und zu der Kokosmasse einrühren. Aus dem sehr krümeligen Teig Konfekt formen und auf einen mit Backpapier ausgelegten Teller legen. Im Kühlschrank für gut zwei Stunden härten lassen.

Tipp: In den sehr süßen Kokosteig passen alle Trockenfrüchte, die eher sauer sind z.B. getrocknete Granatapfelkerne, getrocknete Sauerkirschen etc.

NUSSFREI

Mango-Kokosreis

Exotischer Süßetraum
Für zwei Schüsseln

600 g Karfiol (Blumenkohl)
200 g Mango
10 Blätter Minze
30 g Agavendicksaft
Saft einer Zitrone
80 g Kokosflocken
etwas Vanillepulver

Den Karfiol auf einer Gemüsereibe rund um den Strunk reiben. Die Mango schälen und fein würfeln. Die Minze hacken. Alles mit den restlichen Zutaten vermengen und mit Süße oder Säure nochmals abschmecken.

Den rohköstlichen süßen Reis für mindestens 5 Stunden ziehen lassen (in dieser Zeit verliert der Karfiol seinen intensiven Geschmack).

Weißes Schokoladenmousse mit Mango

Jeder Löffel ein Traum
Für 4 Portionen

150 g Tasse Cashewnüsse
50 ml rohe Mandelmilch
80 ml Kakaobutter geschmolzen
50 ml Agavendicksaft
1 TL Vanillepulver
1 Stk. Mango

Alle Zutaten, ausser der Mango, fein pürieren und in 4 Gläser füllen. Die Mango schälen und rund um den Kern abschneiden und ebenso pürieren. Das Mangomus auf den Gläsern verteilen und mit etwas Schönem verhübschen (z.B. Lavendel oder Kokosflocken).

Tipp: Kakaobutter schmelze ich immer in einer Glasschüssel im Backrohr bei 50° und leicht angelehnter Ofentüre.

KINDER UND PARTY

Kinder lieben es bunt und abwechslungsreich. Zum Geburtstag, Fasching oder Sommerfest mögen Kinder einen Tisch mit einer Vielfalt, wie es nur die Rohkost bieten kann. Die Gerichte sind sehr einfach zuzubereiten und treffen mit wenigen Zutaten den Geschmack fast aller Kinder. Idealerweise mit den Kindern gemeinsam zubereitet, bekommt das Genusserlebnis Rohkost eine ganz besondere Note.

NUSSFREI

Cremige Salatwraps

Gerolltes zum Mitnehmen
Für 8 Wraps

8 Stk. große Chinakohlblätter
1 Stk. kleine Gurke
1 Stk. Karotte
1 Stk. Paprika
1 Stk. Avocado
Saft einer halben kleinen Zitrone
2 Stk. gepresste Knoblauchzehen
Salz
Kräuter zum Dekorieren

Die Chinakohlblätter vom sehr harten Teil des Strunks entfernen. Gurke, Karotte und Paprika in längliche Sticks schneiden. Die Avocado halbieren und entkernen. Mit einem Löffel das Fruchtfleisch herauslöffeln und mit einer Gabel fein zerdrücken. Das Avocadomus mit Knoblauch, Salz und Zitronensaft abschmecken. Einen Löffel Avocadocreme auf dem Chinakohlblatt verteilen. Die Gemüsesticks darauflegen und die Wraps einrollen. Jeden Wrap mit etwas Kräutern dekorieren und sofort genießen.

Tipp: Kinder lieben es gemeinsam zu „kochen" ... dann schmeckt es gleich doppelt so gut.

NUSSFREI

Fruchtsaft-Eislutscher

Heiß auf Eis
Für 6 erfrischende Lutscher

5 Stk. Karotten
4 Stk. Äpfel (süß-säuerliche Sorte)
1 MSP Vanillepulver
Eislutscherformen

Die Karotten und Äpfel im Entsafter pressen und mit Vanillepulver verfeinern. Den Saft in die Formen gießen und über Nacht im Tiefkühler einfrieren lassen.

Tipp: Der Obst-/Gemüsevorschlag kann natürlich optimiert bzw. völlig anders gewählt werden. Vielleicht probiert ihr einmal Orange-Wassermelone-Lutscher!

NUSSFREI

Melonensticks

Heute mal statt Eis
Für 12 Sticks

1 Miniwassermelone
12 Eislutscherstaberl

Die Melone vierteln und in dreieckige Stücke schneiden. In die Schale vorsichtig den Stab stecken und die Sticks im Kühlschrank kühlen.

Tipp: Kinder lieben Obst in ungewohnten Darreichungsformen und werden gleich viel mehr davon genießen.

NUSSFREI

Gemüsespaghetti zu Tomaten-Paprikasauce

Klassiker in roher Form
Für vier hungrige Mäuler

1 Stk. Zucchini
1 Stk. kleine Gurke
1 Stk. Karotte
3 Stk. Tomaten
1 Stk. roter Paprika
3 Stk. getrocknete Tomaten
½ TL getrocknetes Basilikum
Salz

Die Gurke, Zucchini und Karotte spiralisieren (mit einem Spiralisierer oder mit einem Julienneschneider dünne Streifen ziehen). Tomaten halbieren und Paprika entkernen und in grobe Würfel schneiden. Mit den getrockneten Tomaten, die Paprikawürfel und Tomatenhälften mit Hilfe eines Stab- oder Standmixers eine feine Sauce pürieren. Die Sauce mit Basilikum und Salz würzen und zu den Nudeln geben.

Tipp: Die Sauce kann natürlich erwärmt werden und passt auch zu „normalen“ gekochten Nudeln.

Melonentorte mit Cashew-Kokoscreme

Fruchtige Tortenvariation
Für eine Melonentorte

1 Stk. Wassermelone
200 g Cashewkerne
120 ml Kokosöl
100 ml Wasser
80 g Kokosflocken
1 TL Agavendicksaft
Beeren oder Früchte zum Dekorieren

Die Wassermelone schälen und in eine Tortenform schneiden. Die Cashewkerne, Kokosöl, Wasser und Agavendicksaft fein pürieren und die Kokosflocken einrühren. Die Creme auf die Melone rundum auftragen und im Kühlschrank härten lassen. Vor dem Servieren mit Beeren und Früchten verhübschen.

Tipp: Die Torte hält noch den Folgetag und kann somit gut vorbereitet werden.

Karotten Cake-Pops mit rosa Kokosstreusel

Kuchengenuss vom Stab
Für 14 Kugerl

Für den Streusel
20 g Kokosflocken
1 EL roter Rübensaft

Für die Kugeln
200 g gemahlene Mandeln
30 g Kokosflocken
30 ml Kokosöl
1 Stk. kleine Karotte
½ Stk. Orange
2 Stk. große Datteln
1 MSP Vanillepulver
1 MSP gemahlener Zimt
14 Stk. Holzspieße

Für die Streusel Kokosflocken und roten Rübensaft mischen und auf einem Backpapier zum Trocknen an einem warmen Ort auslegen (dauert circa 5 Stunden).
Für die Kugeln die Orange mit der Karotte und den Datteln fein pürieren. Zu diesem Mus gemahlene Mandeln, Kokosflocken, Kokosöl, Vanillepulver und Zimt einkneten. Sollte die Konsistenz zu weich sein, etwas Nüsse oder Kokosflocken zufügen. Aus der Masse mit feuchten Händen gleichgroße Kugeln formen und in den rosa Streuseln wälzen. Die fertigen Kugeln auf die Holzspieße stecken und in einem hohen Glas dekorativ anrichten.

Tipp: Anstelle von Mandeln schmecken auch Walnüsse oder Haselnüsse ganz ausgezeichnet.

NUSSFREI

Sterntaler

Ein himmlischer Obstgenuss
Für 6 Sternenspieße

1 Stk. Drachenfrucht
2 Stk. Kiwi
½ Stk. Honigmelone
Sternen-Kekseausstecher in unterschiedlichen Größen
Holzspieße

Die Früchte schälen und in ca. 1 cm große Scheiben schneiden. Mit den Ausstechern Sterne produzieren und auf Holzspieße stecken.

Tipp: Die Fruchtauswahl ist natürlich nur optional. Die Kinder sollen ihr Lieblingsobst bearbeiten und genießen. Die Obstreste, welche durch das Ausstechen bedingt überbleiben, zu einem Smoothie oder Saft verarbeiten.

NUSSFREI

Gemüsekaktus

Spießespass für Gemüsetiger
Für vier Kakteen

3 Stk. Minigurken
3 Stk. Karotten
2 Stk. Kohlrabi
10 Stk. Cocktailtomaten
Zahnstocher

Alle Kohlrabi sparsam abschälen und halbieren. Die Minigurken und Karotten in Scheiben schneiden, die Cocktailtomaten halbieren. Gurkenscheiben, Karottenscheiben und Cocktailtomaten abwechselnd auf Spieße stecken und die fertigen Spieße am Kohlrabi feststecken.

Tipp: Man kann aus den Kohlrabis natürlich auch einen Igel gestalten. Zwei kleine Gemüsescheiben für die Augen und dann die Spieße, wie beschrieben feststecken.

ADVENT UND WINTER

Weihnachten, Advent, Nikolaus oder ein nebeliger Novembertag laden zum Naschen ein. Rohkostkekse und Kuchen kommen ganz ohne Mehl, Zucker oder Butter aus und das bei vollem Genuss. Süße Trockenfrüchte und wärmende Gewürze lassen Naschkatzes Herz höher schlagen. Natürlich auch zur warmen Jahreszeit und ohne speziellen Anlass wunderbar geschmackvoll und lecker zu einer kühlen Limonade.

Bratapfelringe

Nussiger Apfelcrunch
Für 2 Knabberer

2 Stk. Äpfel
50 g geriebene Mandeln
1/2 TL Zimt
etwas Vanillepulver
2 MSP Lebkuchengewürz
1 halbe Orange

Die Äpfel mit dem Apfelentkerner entkernen und anschließend in 0,5cm breite Scheiben schneiden. Mandeln mit Zimt, Lebkuchengewürz und Vanillepulver vermischen. Die Apfelringe mit der halben Orange beidseitig einreiben und sofort in der Nuss-Gewürzmischung panieren.

Tipp: Die Bratapfelringe sollen sofort knackig genossen werden und eignen sich weder zum Vorbereiten, noch zum Aufbewahren.

Schokotartelettes mit Kaki-Kurkumacreme

Kuchenbescherung deluxe
Für 1 Minitarteform für Zwei

100 g Haselnüsse, gemahlen
50 g Rosinen
2 EL Kokosöl
2 EL Kakaopulver
3 EL Kokosflocken
Saft einer Mandarine

1 Stk. Kaki
Saft einer halben Limette
2 EL Kokosmus
etwas Limettenschalen
1/2 TL Kurkuma
Pistazien zum Bestreuen

Für den Boden Mandarinensaft mit Kokosflocken, Rosinen, Kokosöl und Kakaopulver pürieren. Die gemahlenen Nüsse unterrühren und den Teig in der Tartelettesform gleichmässig verteilen und gut festdrücken.
Für die Creme die Kaki grob schneiden und mit den restlichen Zutaten fein mixen. Im Anschluss die Creme auf den Kuchenboden gießen und mit Pistazien bestreuen. Das Küchlein muss mindestens 3 Stunden im Kühlschrank ziehen und härten und kann dann gut angeschnitten werden.

Schokotrüffel

Schoko innen und aussen
Für 10-12 Stück

120 g gemahlene Nüsse
1 Stk. Orange
6 Stk. Datteln
1 TL Kakaopulver
50 g Kokosflocken
2 MSP Kardamom, gemahlen
Kakaopulver zum Wälzen

Entkernte Datteln mit abgeschälter Orange, Kakaopulver, Kardamom und Kokosflocken pürieren. Die gemahlenen Nüsse zu der Masse geben und gut durchmischen (dürfen ruhig ein bisschen weicher sein). Mit feuchten Händen Kugeln formen und in Kakaopulver wälzen.

Pistazien-Zitronenkonfekt

Sauer macht lustig für 10 Konfekt

100 g gemahlene Nüssen nach Wahl
Saft einer halben Zitrone
1 Stk. Mandarine
50 g Kokosflocken
50 g süße Trockenfrüchte (Datteln, Feigen oder Marillen)
1 TL geriebene Zitronenschalen
8 EL Pistazien gehackt zum Wälzen

Mandarinen abschälen und mit Zitronensaft und Trockenfrüchten pürieren. Der süßen Paste Kokosflocken, gemahlene Nüsse und Zitronenschalen unterrühren. Sollte die Masse zu weich sein, weitere Kokosflocken einrühren. Konfekt formen und in gehackten Pistazienkernen wälzen.

Lebkuchenwürfel mit Sesam

Powerkonfekt für jeden
Für 15 Würfel

200 g Haselnüsse, gemahlen
100 g Datteln
1 TL Lebkuchengewürz
1 Stk. Orange
Sesam zum Wälzen

Geschälte Orange mit entkernten Datteln und Lebkuchengewürz fein mixen. Die Nüsse unterrühren und zu einem formbaren Teig verkneten. Mit feuchten Händen Würfel formen und in Sesam wälzen.

Ganze Nuss Schokowürfel

Süße Nussknacker für 15-20 Stück

100 g Cashewkerne
3 EL Kokosöl
1 Stk. Mandarine
2 gehäufte EL Kakaopulver
2 EL Agavendicksaft
2 MSP Vanillepulver
100 g ganze Haselnüsse

Cashewkerne mit flüssigem Kokosöl, geschälter Mandarine, Kakaopulver, Vanillepulver und Agavendicksaft gut pürieren. Die ganzen Haselnüsse einrühren und alles in eine mit Frischhaltefolie ausgelegte Form gießen und im Kühlschrank für gut 5 Stunden härten lassen. Im Anschluss aus der Form lösen und mit einem scharfen Messer Würfel schneiden.

Limetten-Kokoskugerl

Saure Schneebälle für 15-20 Stück

120 g Kokosflocken
40 g Kokosöl
30 g Agavensirup
Saft einer halben Limette
etwas Vanillepulver

Alle Zutaten mixen und Kugeln formen (Achtung - der Teig krümelt ... einfach etwas fester drücken). Die geformten Kugeln auf Backpapier im Kühlschrank für 2 Stunden härten lassen.

NUSSFREI

Birnen-Mohn Parfait

Eis zum Sattessen
Für 2 Genießer

2 Stk. vollreife Bananen (abgeschält und in Stücke geschnitten eingefroren)
1 Stk. Birne
1 Stk. kleine Orange
5 EL Mohn
1 EL Agavendicksaft
2 MSP Vanillepulver
etwas Gojibeeren

Die gefrorenen Bananen mit der entkernten Birne, abgeschälten Orange, Agavendicksaft und Vanillepulver pürieren. Im Anschluss den Mohn unterrühren. Die noch eher flüssige Eismasse in einen mit Frischhaltefolie ausgelegten Dessertring gießen und für gut 2 Stunden einfrieren. Nach dem Herauslösen der Parfaits das Eis mit Mohn und Gojibeeren bestreuen.

NUSSFREI

Süße Pizza-Weihnachtsbäume

Gesunder Kinderspass
Für zwei Christkinderl

1 Stk. großer Apfel
10 Stk. Tiefkühl-Erdbeeren, aufgetaut
1 MSP Vanillepulver
3 EL Kokosflocken
1 EL Gurkensaft
2 EL Granatapfelkerne

Die Kokosflocken mit dem Gurkensaft einfärben und auf einem Backpapier für ca. 1 Stunde zum Trocknen auflegen. Den Apfel in 1cm dicke Scheiben schneiden und vierteln. Apfelkerne entfernen. In jedes Apfelviertel einen Holzspieß reinstecken. Die aufgetauten Erdbeeren mit dem Vanillepulver pürieren und auf die Apfelstücke auftragen. Die eingefärbten Kokosflocken auf dem Beerenmus verteilen und Christbaumkugeln in Form von Granatapfelkernen daraufsetzen.

Tipp: Kinder lieben es zu kochen und selbstgemacht schmeckt es gleich doppelt so gut. Kinder rein in die Küche!

Zimtapfel mit Cashew-Joghurt

Zimt trifft auf Cremigkeit
Löffeltraum für zwei

2 Stk. Äpfel
1 TL Zimt
50 g helle Nüsse (z.B. Macadamia, Cashewkerne, Pinien)
50 g Kokosflocken
1EL Agavendicksaft
Saft einer halben Limette
1 MSP Vanille

Die Äpfel vierteln, entkernen und in dünne Scheiben schneiden. Apfelscheiben mit Zimt vermischen und beiseite stellen. Alle restlichen Zutaten im Mixer pürieren und mit mehr Süße oder Säure abschmecken. Die Creme in 2 Gläser füllen und mit gezimteten Apfelstücken toppen.

ARBEIT UND UNTERWEGS

Oftmals verbringt man mehr Zeit unterwegs, als zu Hause. Im Büro oder auf Reisen ist die gesunde Nahrungsbeschaffung oftmals schwierig bis unmöglich. In diesem Kapitel findet man Ideen für das verschließbare Glas. Alle Gerichte lassen sich prima vorbereiten und transportieren. Aber auch am Teller in der heimeligen Küche schmecken die Gerichte ganz großartig.

NUSSFREI

Rotkraut-Apfelsalat an Ingwerdressing

Scharf-süße Salatbox
Für Zwei

1/4 Stk. Rotkraut
1 Stk. Apfel
1 EL geriebener, frischer Ingwer
2 EL Öl (Leinöl würde ganz hervorragend passen)
1 Schuss Apfelessig
1 EL Agavendicksaft oder anderes Süßungsmittel
Salz

Ingwer mit Öl, Essig, Agavendicksaft und Salz vermischen - 20 Minuten ziehen lassen. Rotkraut fein nudelig schneiden. Den Apfel vierteln, entkernen und in dünne Scheiben verarbeiten. Rotkraut und Apfel mit der Ingwermischung übergießen und gut durchmischen. Der Salat schmeckt am besten, wenn er 2-3 Stunden durchziehen kann.

NUSSFREI

Wurzelsalat mit Maulbeeren

Winterlicher Salatgenuss
Für 2 Portionen

6 Stk. Radieschen
2 Stk. Karotten
1 Stk. rote Rübe (optional, da sich der gesamte Salat einfärbt)
200 g Knollensellerie
2 EL Maulbeeren (optional Rosinen)
Saft einer Zitrone
3 EL Öl
Kräutersalz
Kräuter z.B. Rosmarin

Knollensellerie schälen und mit dem anderen Gemüse auf einer Gemüsereibe grob reiben. Die restlichen Zutaten hinzugeben und alles gut durchmischen. Der Salat kann sofort genossen werden oder man lässt ihn gut eine Stunde durchziehen.

Tipp: Freunde von Trockenfrüchten können experimentieren. Besonders lecker sind kleingehackte Feigen oder Datteln.

Kunterbunte Kokosmakronen

Gesunder Naschgenuss
Für 10 Stück

200 g Kokosflocken
50 g Kokosöl
50 g Agavendicksaft
3 MSP Vanillepulver
Saft einer halben Limette
1 EL roter Rübensaft
1 EL Erdbeerpüree
1 EL Karottensaft
5 EL Schokoglasur (Rezept siehe Schokoladentorte)
30 g Kokosflocken zum Wälzen

Kokosflocken mit verflüssigtem Kokosöl, Vanillepulver, Limettensaft und Agavendicksaft vermengen. Den Kokosteig in 3 Schüsseln aufteilen und die färbenden Säfte in je eine Schüssel gießen und gut mischen, bis die 3 Massen unterschiedlich eingefärbt sind. Mit leicht feuchten Händen 20 Dukaten formen (das ist ein bröseliges Unterfangen, weil die Masse erst im Kühlschrank härtet), in etwas Kokosflocken wälzen und auf einen Teller mit Backpapier legen. Im Kühlschrank härten die Dukaten für gut 1 Stunde. Auf 10 der gehärteten Dukaten etwas Schokoglasur auftragen, einen weiteren Dukaten daraufsetztten und leicht andrücken. Die Makronen für weitere 2 Stunden im Kühlschrank härten lassen.

Tipp: Mit anderen Pflanzensaftfarben kann man ein noch bunteres Ergebnis erreichen.

NUSSFREI

Erfrischender Gurken-Ingwerdrink

Leichtmacherdrink vom Feinsten
Für 2 Durstige

1 Stk. Minigurke
3 cm Ingwer
500 ml Wasser
Saft einer halben Zitrone

Die Karaffe mit Wasser füllen. Minigurke in Scheiben verarbeiten. Den Ingwer schälen und in Stücke schneiden. Gurke und Ingwer mit dem Zitronensaft ins Wasser geben und mindestens 1 Stunde ziehen lassen.

NUSSFREI

Frühlingsrollen mit marinierten Pilzen und Rotkraut zu scharfem Brokkolidip

Eine raffinierte Jausenbox
Für 2 Genießer

1 Stk. Gurke oder 1 Stk. Zucchini
10 Stk. braune Champignons
100 g Rotkraut
2 EL Sojasauce
1 TL geriebener, frischer Ingwer
etwas Pfeffer
Sesam zum Bestreuen

Für den Dip
1/2 Stk. Brokkoli
1 sehr kleiner Zwiebel
3 EL Olivenöl
etwas Cayennepfeffer
Kräutersalz

Die Gurke oder Zucchini mit einem Sparschäler der Länge nach zu dünnen Streifen verarbeiten. Die Champignons halbieren und in Streifen schneiden. Den Ingwer mit Sojasauce und etwas Pfeffer vermischen. Die Pilzstreifen in die Sojamarinade einlegen und 20 Minuten ziehen lassen.
Das Rotkraut ebenso zu kleinen Streifen schneiden. In jeden Gurken- oder Zucchinistreifen mittig etwas marinierte Pilze und Rotkraut platzieren und straff einrollen.
Die Frühlingsröllchen mit Sesam bestreuen und folgenden Dip dazureichen.

Brokkoliröschen und abgeschälten Strunk mit Olivenöl (bei Bedarf etwas Wasser zufügen), Kräutersalz und Cayennepfeffer cremig pürieren. Den Zwiebel sehr fein hacken und unterrühren. Den Dip nochmals mit Salz abschmecken.

Minzige Gurkencremesuppe

NUSSFREI

Sommerlicher Suppenspaß
Für 2 Portionen

1 Stk. Salatgurke
10 Blätter Minze
1 Stk. Suppenwürfel
300 ml Wasser
etwas frische Dille
1 EL Zitronensaft

Die Gurke in grobe Würfel verarbeiten und mit den restlichen Zutaten zu einer cremigen Suppe pürieren. Bei Bedarf mit etwas Pfeffer verfeinern.

Tipp: Die Suppe ist ein wahrer Sommergenuss, wenn man ein paar Eiswürfel hinzugibt.

Kokoscurrycremesuppe

Exotischer Suppentraum
Für 2 Suppenliebhaber

100 g Knollensellerie
200 g Karotte
1 EL Kokosmus oder 2 EL Kokosflocken
5 Stk. Mango, getrocknet oder 100 g frische Mango
1 Stk. Suppenwürfel
400 ml Wasser
2 TL Currypulver
2 EL Erdnusskerne
etwas Erdnusskerne zum Verzieren

Knollensellerie schälen und mit den restlichen Zutaten zu einer sehr cremigen Suppe pürieren. Bei Bedarf mit etwas Salz abschmecken. Die Suppe mit Erdnusskernen verhübschen.

Avocado und Stangensellerie in Currymayonnaise

Cremige Salatvariation
Für 2 Salatgenießer

5 Stk. Stangensellerie
1 Stk. Avocado
2 Handvoll Cashewkerne
1 große Knoblauchzehe
Saft einer halben kleinen Zitrone
1/2 TL Senf
1/2 TL Currypulver
1 TL Olivenöl
100 ml Wasser
1 TL Agavendicksaft
etwas Pfeffer und Salz

Den Stangensellerie zu feinen Scheiben schneiden. Die Avocado halbieren, entkernen und würfeln. Für die Mayo Cashewkerne mit Knoblauch, Currypulver, Zitronensaft, Senf, Olivenöl, Salz, Pfeffer, Agavendicksaft und Wasser cremig mixen.
Mayonnaise mit Stangenselleriescheiben und Avocadowürfeln vermengen und gut zwei Stunden ziehen lassen bis sich alle Geschmacksnuancen entfalten konnten.

NUSSFREI

Zimtbanane liebt Vanilleerdbeere

Zweierlei Puddinggenuss
Für zwei Schleckermäulchen

4 Stk. sehr vollreife Bananen
1 Stk. kleine Orange
2 EL Kakaopulver (optional 1 EL Carobpulver)
1/2 TL Zimt

100 g Erdbeeren
Saft einer Limette
1/2 TL Vanillepulver
Kakaonibs zum Bestreuen, Minzblättchen

Für die Zimtbanane abgeschälte Bananen, abgeschälte Orange, Kakaopulver und Zimt pürieren. In einer weiteren Schüssel Erdbeeren, Limettensaft und Vanillepulver zu einem Mus verarbeiten. In zwei Gläsern beide Muse schichten und mit etwas Kakaonibs bestreuen. Die Creme für gut 2 Stunden in den Kühlschrank kalt stellen. Vor dem Servieren mit Minzblättchen verzieren und genießen.

Rezeptregister

Persönliche Notizen